Das psychologische Experiment, Forschungsmethoden und Berufsbilder der Psychologie. Eine Übersicht

Vivien Albers

Bibliografische Information der Deutschen Nationalbibliothek:

Die Deutsche Nationalbibliothek verzeichnet diese Publikation in der Deutschen Nationalbibliografie; detaillierte bibliografische Daten sind im Internet über http://dnb.d-nb.de abrufbar.

ISBN: 9783346747075
Dieses Buch ist auch als E-Book erhältlich.

© GRIN Publishing GmbH
Nymphenburger Straße 86
80636 München

Druck und Bindung: Books on Demand GmbH, Norderstedt Germany
Gedruckt auf säurefreiem Papier aus verantwortungsvollen Quellen

Das vorliegende Werk wurde sorgfältig erarbeitet. Dennoch übernehmen Autoren und Verlag für die Richtigkeit von Angaben, Hinweisen, Links und Ratschlägen sowie eventuelle Druckfehler keine Haftung.

Das Buch bei GRIN: https://www.grin.com/document/1275109

Inhaltsverzeichnis

Abkürzungsverzeichnis

bspw.	beispielsweise
d.h.	das heißt
dvct	Deutscher Verband für Coaching und Training
engl.	englisch
ggf.	gegebenenfalls
mind.	mindestens
PP	Psychologischer Psychotherapeut
PsychTh-APrV	Ausbildungs- und Prüfungsverordnung für psychologische Psychotherapeuten
PsychThG	Psychotherapeutengesetz
sog.	sogenannte
u.a.	unter anderem
z.B.	zum Beispiel

Abbildungsverzeichnis

1.1.1 Aufgabe B1: Psychologische Forschungsmethoden

In der Psychologie gibt es eine Vielzahl von Forschungsmethoden, die den Grundstein der Wissenschaft bilden und die für die Erkenntnisgewinnung unverzichtbar sind. Diese können in qualitative und quantitative Forschungsmethoden unterteilt werden und lassen sich hinsichtlich ihrer internen und externen Validität einordnen. Wird eine Kombination aus beiden Erhebungsarten verwendet, wird diese Methode „mixed-methods" (engl.: „gemischte Methoden") genannt.

Im Unterkapitel 1.1 werden die Begriffe „interne Validität" und „externe Validität" kurz definiert. Im weiteren Verlauf wird die quantitative Forschungsmethodik im Unterkapitel 1.2 und die qualitative Forschungsmethodik im Unterkapitel 1.3 erklärt. Dazu werden jeweils Beispiele angeführt und in das Spektrum interner und externe Validität eingeordnet.

1.2 Interne und externe Validität

Die interne Validität ist der Grad, zu dem ein gefundener Effekt tatsächlich auf die Manipulation oder die vermutete Ursache zurückführen ist (Bortz & Döring, 2006, S. 32.). Es ist damit die Interpretierbarkeit der Ergebnisse.

Die externe Validität ist der Grad, zu dem sich ein gefundener Effekt auf andere Personen, Situationen oder Stimuli, als in der Studie verwendet, übertragen lässt. Es ist damit die Generalisierbarkeit und Übertragbarkeit der Studienergebnisse.

1.3 Quantitative Forschungsmethoden

Quantitative Forschungsmethoden sind messbare Methoden, mit der mithilfe von inferentieller und deskriptiver statistischer Verfahren, Schlussfolgerungen abgeleitet und Aussagen getroffen werden können. Dabei werden bereits formulierte Hypothesen oder Modelle getestet und hinsichtlich eines signifikanten Ergebnisses ausgewertet. Vorteile sind die statistische Überprüfbarkeit der Ergebnisse und eine hohe Kontrolle der Störvariablen durch ein kontrolliertes Design (Kuckartz, 2014).

1.3.1 Kontrollierte Laborexperimente

Bei kontrollierten Laborexperimenten werden experimentelle Bedingung einer unabhängigen Variablen systematisch verändert, um ihre Auswirkung auf eine abhängige Variable zu untersuchen. Versuchspersonen werden willkürlich in Experimental- und Kontrollgruppen zugeordnet und anschließend verglichen. Störvariablen werden möglichst eliminiert oder konstant gehalten. Ziel ist es, eine Aussage über Ursache- und Wirkungszusammenhänge treffen zu können.

Durch besonders kontrollierbare Bedingungen im Labor, haben diese Art von Experimenten eine hohe interne Validität. Das bedeutet, dass der gefundene Effekt der abhängigen Variablen mit einer hohen Wahrscheinlichkeit durch die Manipulation, d.h. die Veränderung der unabhängigen Variablen, zustande kommt.

Die externe Validität ist durch künstlich geschaffene Rahmenbedingungen eher gering (Mühlfelder, 2017, S. 98), d.h. die Ergebnisse sind nicht zwangsläufig auf natürliche Verhältnisse generalisierbar.

1.3.2 Quasi- Experimente

Bei Quasi- Experimenten gibt es im Gegensatz zu kontrollierten Laborexperimenten keine Randomisierung, d.h. keine willkürliche Zuordnung von Versuchspersonen zu den verschiedenen Bedingungen. Sie kommen häufig dann vor, wenn Versuchspersonen bereits in einem bestimmten Setting, z.B. Schulklassen oder Abteilungen sind. Da nicht alle Variablen systematisch variiert bzw. kontrolliert werden können, kommt es zu Einschränkungen in der internen und externen Validität (Isaac & Michael, 1995). Sie haben eine geringere Validität als kontrollierte Laborexperimente, da die Anzahl und Ausprägungen von Störvariablen weniger kontrollierbar sind. Hingegen ist die externe Validität höher, da die experimentellen Bedingungen mit einer höheren Wahrscheinlichkeit auch in der Realität vorkommen (Mühlfelder, 2017, S.98).

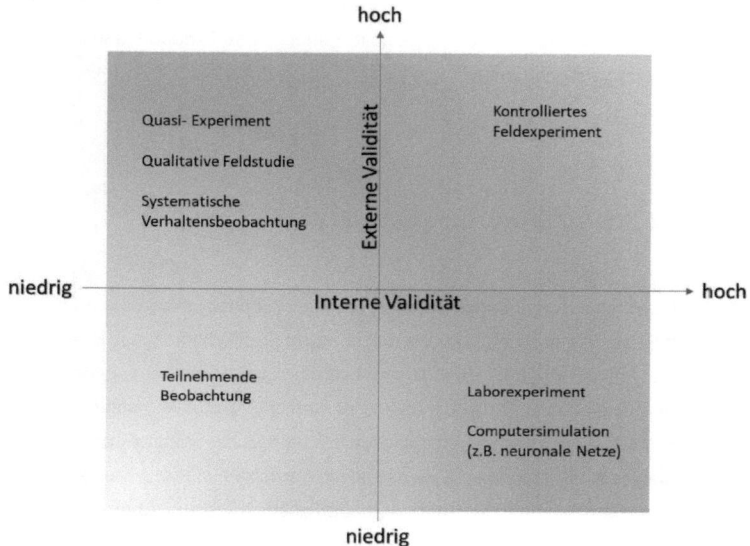

Abbildung 1:   Übersicht über verschiedene psychologische Forschungsmethoden

(Quelle: eigene Darstellung in Anlehnung an Mühlfelder, 2017, S. 35)

1.3.3 Fragebogenstudien

Fragebogenstudien sind in der Psychologie eine der meistangewendeten quantitativen Methoden (Mummendey & Grau, 2014). Bausteine in allen Fragebögen sind sog. „items". Latente Variablen werden durch Operationalisierung messbar gemacht und zu Fragen und Antwortmöglichkeiten formuliert. Fragebögen sollten idealerweise standardisiert und normiert sein, um sie im Anschluss mithilfe von statistischen Verfahren präzise auswerten zu können. Die interne und externe Validität bei Fragebögen ist abhängig von der Gestaltung des Tests und von der Anzahl der erhobenen Daten. So ist die externe Validität bspw. höher, wenn viele Daten aus einer geeigneten Population erhoben wurden. Die interne Validität ist dann hoch, wenn die Variablen korrekt operationalisiert wurden und die Eignung ein Fragebogen zu verwenden tatsächlich gegeben ist. Allerdings leidet die interne und externe Validität unter der geringen Möglichkeit zu kontrollieren, ob Probanden die

Fragebögen korrekt ausfüllen (Reinhardt, 2016, S. 74-82). Werden offene Fragen, statt geschlossene Fragen gestellt, gehört diese Erhebungsart zu den qualitativen Forschungs-methoden.

1.4 Qualitative Forschungsmethoden

Qualitative Forschungsmethoden erheben in erster Linie verbale und visuelle Daten, z.B. durch Interviews oder Beobachtungen (Echterhoff, Hussy & Schreier, 2010). Sie dienen vorwiegend der Theoriebildung und Hypothesengenerierung und sind hermeneutischer, inhaltsanalytischer und interpretativer Natur. Die Daten werden kodiert, kategorisiert und hinsichtlich möglicher Muster und Zusammenhänge ausgewertet. Nachdem Daten qualitativ erhoben wurden, werden sie meist mithilfe von quantitativen Forschungsmethoden ausgewertet und überprüft (Mühlfelder, 2017, S. 22, 72, 104).

1.4.1 Feldbeobachtungen

Feldbeobachtungen sind neben Feldexperimenten eine weitere Variante der Feldstudie. Es handelt sich um eine systematische Beobachtung. Im Gegensatz zu Feldexperimenten, greift der Untersuchende allerdings nicht in das Geschehen ein, sondern beobachtet das Verhalten bestimmter Personen in einer natürlichen Situation und einer allgemein zugänglichen Umgebung, z.B. einem Kaufhaus (Reinhardt, 2016, S. 110).

Feldbeobachtungen haben eine hohe externe Validität, dafür aber eine eher geringe interne Validität. Die Validität leidet, wenn es sich um eine teilnehmende Feldbeobachtung handelt, da das Eingreifen und Mitwirken in die Umwelt sog. Versuchsleitereffekte, auch „Rosenthal- Effekte" genannt, zur Folge haben kann (Stevenson, Nohl & van den Brink, 2009). Diese verzerren und beeinflussen Ergebnisse und stellen einen weiteren Störeinfluss da. Die interne Validität ist eher gering, da es viele unkontrollierbare Störvariablen gibt. Die externe Validität ist dagegen höher, da sich die Situation besser auf die Realität übertragen lässt (Echterhoff et al., 2010).

1.4.2 Interviews

Ein Interview ist eine mündliche Befragung. Die Kommunikation ist asymmetrisch, d.h. der Interviewer stellt Fragen, gibt jedoch im Gegensatz zum Befragten seine eigene Meinung und Antworten nicht bekannt (Mayer, 2008).

Die Validität ist abhängig von der Methodik des Interviews. Treten störende Effekte durch fehlende Anonymität oder sog. Interviewer- Effekte auf, sinkt die Validität. Daher ist ein methodisch anspruchsvolles Interview wichtig. Die richtige Auswahl des Interviewers, des Interviewpartners, -ortes und -zeitpunktes, sowie Interviewtraining, eine ordentliche Planung und eine kontrollierte Auswertung erhöhen die interne und externe Validität.

1.4.3 Inhaltsanalysen

Eine Inhaltsanalyse ist ein explorativer und offener Prozess, bei dem aus Texten, Interviews, Bildern, Videoaufzeichnungen und anderen Artefakten Informationen entschlüsselt und Muster bzw. Zusammenhänge identifiziert werden. Diese werden dann nach inhaltlichen Kategorien ausgewertet. Ziel ist es mehr über diese Kategorien zu erfahren, Hypothesen zu bilden und diese anhand vorhandenen Materials zu überprüfen. (Mayring, 2015; Stevenson et al., 2009). Meist wird diese Methode zusammen mit anderen Methoden, wie einer Korrelationsstudie gepaart, um gefundene Verknüpfungen statistisch zu untermauern oder gefundene Zusammenhänge mit Inhaltsanalysen genauer zu untersuchen. Die interne und externe Validität ist hierbei abhängig von den zu untersuchenden Inhalten und der Qualität der Inhaltsanalyse (Mayring, 2015).

2 Aufgabe B2: Das psychologische Experiment

Nachfolgend wird im Unterkapitel 2.1 beschrieben, warum das psychologische Experiment als „Königsweg" in der naturwissenschaftlich geprägten Psychologie betrachtet wird. Im Unterkapitel 2.2 werden dann Vor- und Nachteile von psychologischen Experimenten im Vergleich zu anderen Forschungsmethoden beschrieben.

2.1 Das psychologische Experiment als „Königsweg"

Psychologische Experimente sind häufig der „Königsweg" der psychologischen Forschungsmethodik, da sich mithilfe von ihnen Ursache- und Wirkungs-Beziehungen nachweisen und überprüfen lassen. (Mühlfelder, 2017, S. 31)

Als Wilhelm Wundt im Jahre 1879 das erste psychologische Labor gegründet hat, war sein Ziel, das Experiment, ähnlich wie in der Physik, als methodischen Königsweg zu neuen Erkenntnissen zu etablieren. In seinem Labor sollten kontrollierbare und reproduzierbare Experimente unter veränderbaren Experimentalbedingungen stattfinden, die Aussagen über Ursache und Wirkung geben können. Dafür war eine genaue Beobachtung und Protokollierung der experimentellen Vorgehensweise und die Kontrolle der Störvariablen wichtig (Mühlfelder, 2017, S.15-16). So konnten erstmals allgemeingültige psychische Gesetzmäßigkeiten beschrieben werden. Die Herangehensweise des psychologischen Experiments prägt noch heute das moderne Verständnis der wissenschaftlichen Psychologie (Mühlfelder, 2017, S. 19).

Das Ziel des psychologischen Experiments ist, Ursache- und Wirkungs-Zusammenhänge zu erfassen. Dies geschieht, indem eine Ausgangsbedingung willkürlich oder systematisch verändert wird, Störvariablen kontrolliert werden und zum Schluss die Folgezustände zwischen Experimental- und Kontrollgruppe verglichen werden (Isaac, Michael, 1995, S.13).

Wenn mögliche Störvariablen kontrolliert werden, indem sie z.B. konstant gehalten oder eliminiert werden, dann müssten bei Wiederholung die gleichen Effekte auftreten (Bortz, 1984, S. 35; Czienskowski, 1996, S. 23; Osnabrügge, 1989, S. 180). Das Experiment bietet mit mithilfe von Randomisierung auf Experimental- und

Kontrollgruppe, die einzige Möglichkeit alle Störvariablen zu bestimmten und zu berücksichtigen (Kühl, 2009).

Ein weiterer Grund, das psychologische Experiment als Königsweg zu begreifen ist, dass der Einfluss einzelner Faktoren auf andere Faktoren kontrolliert untersucht werden kann (Rosenthal & Jacobson, 1976).

Zusammenfassend lässt sich sagen, dass Experimente eine Möglichkeit bieten, Rückschlüsse auf Kausalität zu ziehen. Sie bieten durch kontrollierte Bedingungen eine hohe interne Validität. Unter gleichen Bedingungen sollten sie außerdem replizierbar sein. Durch das hohe Maß an Kontrollierbarkeit im Labor, ist das psychologische Experiment daher eines der wichtigsten Forschungs-methoden für den Erkenntnisgewinn der Psychologie.

2.2 Vor- und Nachteile psychologischer Experimente im Vergleich

Im Unterkapitel 2.2.1 werden Vorteile psychologischer Experimente beschrieben. Im Abschluss wird im Unterkapitel 2.2.2 auf ihre Nachteile eingegangen.

2.2.1 Vorteile psychologischer Experimente

Psychologische Laborexperimente gehören zu quantitativen Forschungs-methoden, welche in der Psychologie häufig angewendet werden, weil sie viele Vorteile mit sich bringen. Dazu gehören die statistische Überprüfbarkeit, ein kontrolliertes Design und (insbesondere im psychologischen Experiment) eine hohe Kontrolle der Störvariablen (Kuckartz, 2014).

Wie bei kontrollierten Feldstudien, verfügen psychologische Laborexperimente über eine höhere interne Validität, als z.B. Quasi- Experimente oder Qualitative Feldstudien. Das liegt daran, dass Störvariablen bei Experimenten kontrolliert werden können und die Folgezustände gut durch die Manipulation bzw. Variation der Bedingungen nachgewiesen werden können. Psychologische Experimente lassen sich außerdem beliebig oft wiederholen. Wenn verschiedene Ausgangsbedingungen variiert werden und die Auswirkungen auf die abhängigen Variablen gemessen werden, können auf diese Weise Ursache- und Wirkungszusammenhänge überprüft werden (Mühlfelder, 2017, S.98, S. 58). Außerdem können Faktoren isoliert untersucht werden, um Kausalbeziehungen festzustellen. Im Gegensatz dazu sind potenzielle Störvariablen bei qualitativen Feldstudien und Quasi- Experimenten weniger kontrollierbar.

Ein weiterer Vorteil ist, dass sich ein gut geplantes Experiment in einem Zug durchführen lasst. Bereits mit einem einfachen Untersuchungsdesign, lassen sich Effekte zeigen (Stevenson, Nohl & van den Brink, 2009).

Da dieselben Versuchsbedingungen immer wieder nachgestellt werden können, können Experimente wiederholt werden und es besteht die Möglichkeit zur Replizierbarkeit. Im Vergleich dazu wäre es bei qualitativen Feldstudien nicht möglich, die exakten Bedingungen wiederherzustellen.

2.2.2 Nachteile psychologischer Experimente

Durch besonders kontrollierte Bedingungen im Experiment, sinkt die externe Validität bei Experimenten, da nicht garantiert werden kann, dass gefundene Ergebnisse sich auch auf die Realität übertragen lassen. Bei empirischen Feldstudien gibt es dafür den Vorteil unmittelbarer Gültigkeit für das jeweilige ökologische Setting (Mühlfelder, 2017, S. 74).

Außerdem sind psychologische Experimenten oft nicht replizierbar (Open Science Collaboration, 2015), d.h. unter gleichen Bedingungen werden nicht wiederholt dieselben Effekte gefunden. Das liegt zum einen daran, dass der in der Originalstudie gefundene Effekt, Zufall war. Andererseits werden meist nur Studien veröffentlicht, die einen signifikanten Effekt zeigen. Wurden keine Effekte gefunden, werden Studien häufig nicht publiziert. Dieses Problem wird als „file drawer problem" bezeichnet, weil diese Arbeiten häufig in der „Schreibtisch-schublade verschwinden" (Mühlfelder, 2017, S.31).

Ein weiterer Nachteil von Laborexperimente sind sog. „Versuchsleitereffekte". Versuchspersonen können durch Annahmen und Einstellungen oder durch „soziale Erwünschtheit" die Versuchsergebnisse beeinflussen und verfälschen. Soziale Erwünschtheit kommt vor, wenn Versuchspersonen entsprechend sozialer Erwartungen reagieren (Mummendey, 1981) und ihre Antworten geben. Dies könnte bei peinlichen oder illegalen Fragen vorkommen. Daher ist es wichtig, das Versuchsdesign sorgfältig auszuwählen, um diese Störvariable zu vermeiden.

Psychologische Laborexperimente sind teilweise teuer und benötigen spezielle Messinstrumente (Mühlfelder, 2017, S. 102). Sie sind häufig aufwändiger als beispielsweise qualitative Feldbeobachtungen und damit auch mit höheren Kosten und Zeitaufwand verbunden.

3 Aufgabe B3: Berufsbilder der Psychologie

Im Kapitel 3 werden verschiedene Berufsbilder der Psychologie beschrieben und erläutert. Im Unterkapitel 3.1 wird der Beruf des Psychologischen Psychotherapeuten, im Unterkapitel 3.2 der Beruf des Arbeitspsychologen und im Unterkapitel 3.3 der Beruf des Trainers bzw. Coach behandelt. Bei den jeweiligen Berufsbildern wird zudem beschrieben, inwieweit sich Grundlagen- und Anwendungsfächer der Psychologie in ihnen widerspiegeln.

3.1 Psychologischer Psychotherapeut

Die Ausbildung zum Psychologischen Psychotherapeuten oder zur Psycho-logischen Psychotherapeutin ist über das Psychotherapeutengesetz (PsyThG) und die Ausbildungs- und Prüfungsordnung für Psychologische Psycho-therapeuten (PsychTh-APrV) geregelt. Wer diesen Beruf ausüben möchte, bedarf außerdem einer Approbation. Die Berufsbezeichnung dürfen nur Personen führen, die diese Voraussetzungen erfüllen und zur Ausübung des Berufs befugt sind. Dazu gehören Psychologische Psychotherapeuten, Kinder- und Jungend-Psychotherapeuten und Ärzte (Frodl, 2018, S. 449; § 1 PsychThG).

Der Zugang zur Ausbildung setzt eine bestandene Abschlussprüfung an einer Universität oder an einer gleichstehenden Hochschule im Studiengang Psychologie, die das Fach klinische Psychologie einschließt, voraus (§ 5 PsychThG).

Die Ausbildung besteht aus verschiedenen Komponenten. Dazu gehören zum einen eine theoretische Ausbildung, bei der Grundkenntnisse der jeweiligen Therapieformen, eine vertiefende Ausbildung, z.B. die Theorie der Diagnostik, Behandlungssettings und Rahmenbedingungen der Psychotherapie und weitere Themengruppen, (Frodl, 2018, S. 450) und verfahrensspezifische Behandlungskonzepte und -techniken behandelt werden. In Einzel- und Gruppensettings und unter Supervision findet eine Selbsterfahrung und Selbstreflektion statt, die die Ausbildungsteilnehmer zur Reflexion eigenen therapeutischen Handelns befähigt (Frodl, 2018, S. 449). Außerdem muss eine praktische Tätigkeit in einer psychiatrisch-klinischen Einrichtung und einer Einrichtung der psychosomatisch-psychotherapeutischen Versorgung absolviert werden. Dazu kommt eine praktische Ausbildung, meist in einer Institutsambulanz, und eine Supervision von mind. drei Supervisoren bei einer Therapie (Mendius & Werther, 2014, S. 25).

Der Auszubildene wählt außerdem zwischen verschiedenen Therapieformen, z.B. Verhaltenstherapie, tiefenpsychologisch fundierte Psychotherapie und analytische Therapie. Es gibt auch einige Therapieformen, die nicht von der Krankenkasse anerkannt und erstattet werden wie z.B. die Gestaltungstherapie oder die Systemische Therapie (Mühlfelder, 2017, S. 85)

Die staatliche Abschlussprüfung umfasst einen schriftlichen und einen mündlichen Teil (§ 8 PsychTh-APrV). Wird diese erfolgreich absolviert, darf der Ausbildungsteilnehmer den Titel des Psychologischen Psychotherapeuten (PP) tragen.

Zu den Einsatzgebieten eines PP gehört das Ausüben von Tätigkeiten, mittels wissenschaftlich anerkannter psychotherapeutischer Verfahren, zur Feststellung, Heilung und Linderung von Störungen mit Krankheitswert bei denen Psychotherapie indiziert ist (§ 1 PsychThG). PP haben außerdem die Aufgabe, im Rahmen einer psychotherapeutischen Behandlung eine somatische Abklärung herbeizuführen, Kenntnisse und Fähigkeiten einzusetzen, die erforderlich sind um Diagnostik, Therapie und Rehabilitation von Störungen mit Krankheitswert zu behandeln und psychische Ursachen, Begleiterscheinungen und Folgen körperlicher Erkrankungen zu therapieren (§ 1 PsychTh-APrV, Frodl, 2018, S. 452). Zur Ausübung von Psychotherapie gehören ebenso nicht psychologische Tätigkeiten, die die Aufbereitung und Überwindung sozialer Konflikte oder sonstige Zwecke außerhalb der Heilkunde zum Gegenstand haben (§ 1 PsychThG).

Der Beruf des PP bringt einige Herausforderungen und Anforderungen mit sich. PP haben ein vielseitiges Aufgabenspektrum, tragen eine hohe Verantwortung für ihre Patienten und führen eine selbstständige Tätigkeit in einem interdisziplinären Umfeld aus (Mühlfelder, 2017, S. 86).

Auch werden regelmäßige Fort- und Weiterbildungen vorausgesetzt, die gegenüber der Psychotherapeutenkammer nachzuweisen sind (Mühlfelder, 2017, S. 86).

Die Nachfrage nach psychologischer Expertise steigt zunehmend, daher handelt es sich bei dem Beruf des PP um einen Wachstumsmarkt. Um bestmöglich zu behandeln, steht daher die Qualitätssicherung und Professionalisierung der klinisch tätigen Psychotherapeuten an erster Stelle (Mühlfelder, 2017, S. 87).

Im Berufsalltag des PP lassen sich fast alle Grundlagenfächer wiederfinden. Dazu gehören Allgemeine Psychologie, Entwicklungspsychologie, Biologische

Psychologie, Persönlichkeitspsychologie und Sozialpsychologie. Von den Anwendungsfächern spielen Fächer wie die klinische Psychologie und die Rehabilitationspsychologie eine wichtige Rolle. Das Fach klinische Psychologie beschäftigt sich bspw. mit der Diagnostik und Klassifikation von psychischen Störungen, deren Prävention und Therapie (Berking & Rief, 2012).

3.2 Arbeitspsychologe

Die Arbeitspsychologie ist ein Zweig der Wirtschaftspsychologie und überschneidet sich in Bereichen der Organisations-, Personal- und Gesundheitspsychologie. Arbeitspsychologen sind Experten für die Analyse, Bewertung und Gestaltung von Arbeitstätigkeit und Arbeitssystemen. Dabei werden hauptsächlich Themen auf individueller Ebene, d.h. die Arbeit und das Verhalten und Erleben von Individuen in Organisationen bzw. am Arbeitsplatz fokussiert (Olos, 2019, S. 82).

Die Tätigkeit der Arbeitspsychologen lässt sich in drei große Bereiche einteilen: Individuen und ihre berufliche Entwicklung, Bedienung und Wirkung von Arbeit und Analyse und Gestaltung von Arbeitstätigkeiten (Kals, 2009).

Ihr Ziel ist es, Arbeit so zu gestalten, dass die Gesundheit und Leistungsfähigkeit der Beschäftigten bewahrt wird und ihnen Lern- und Entwicklungsmöglichkeiten geboten werden. Überlegungen, an denen Arbeitspsychologen arbeiten sind z.B. die intuitive Bedienbarkeit des Smartphones, die Arbeitssicherheit auf der Baustelle oder die ergonomische Gestaltung des Bürostuhls.

Arbeitspsychologen beschäftigen sich mit der Frage, inwieweit individuelle Eigenschaften und Kompetenzen mit dem beruflichen Umfeld zusammenpassen, wie sich die Arbeit auf bspw. Stress auswirkt, wie die Zusammenarbeit in Arbeitsgruppen funktioniert und wie sich die Arbeitsmotivation, -bedingungen und -aufgaben bestmöglich gestalten lassen. In diesem Rahmen wird sich nicht nur auf die Erwerbsarbeit beschränkt, sondern auch Hausarbeit, ehrenamtliche Arbeit, Freizeit, Vereinbarkeit von Berufs- und Privatleben und gesellschaftliche Fragen wie Arbeitslosigkeit und Entfremdung von Arbeit eingeschlossen (Olos, 2019, S. 82)

Die Aufgaben wandeln sich durch neue Fragestellungen ständig, allerdings lassen sich drei übergreifende Aufgabentypen herauskristallisieren. Zum einen haben Arbeitspsychologen investigative Aufgaben bzw. Forschungsaufgaben wie die

Analyse von Arbeitsformen und -systemen mithilfe systematischer Beobachtung und Forschung, außerdem haben sie sozial- erzieherische Aufgaben wie das Unterrichten, Ausbilden und Beraten und schließlich unternehmerische Aufgaben, d.h. andere Menschen motivieren und führen (Fux & Stroll, 2006).

Zu den Anforderungen für die Ausübung dieses Berufes gehört ein abgeschlossenes Studium im Bereich der Psychologie. Bei Führungspositionen ist meist ein Masterstudium und ggf. eine Promotion erforderlich. Bereits im Studium kann ein Schwerpunkt im Bereich Arbeits- und Organisations-psychologie oder Wirtschaftspsychologie gesetzt werden.

Neben fachlichen Kompetenzen werden weitere Anforderungen an die Person gestellt, u.a. Sozialkompetenzen, ein professionelles Auftreten, kommunikative Kompetenzen, Einfühlungsvermögen, die Bereitschaft und Fähigkeit interdisziplinär mit Angehörigen anderer Berufe zusammenzuarbeiten und strategische, unternehmerische Kompetenzen (Olos, 2019, S. 90).

Die Arbeitspsychologie ist ein Anwendungsfach, in dem viele Inhalte aus Grundlagen- und Anwendungsfächern auf den Arbeitskontext angewendet werden. Das Wissen aus dem Grundlagenfach Sozialpsychologie hilft z.B. bei der Begleitung von Umstrukturierungsmaßnahmen. Die Methodenlehre ist wichtig für die statistische Überprüfung bestimmter Maßnahmen und die Frage, ob diese erfolgreich waren. Aus der Allgemeinen Psychologie sind Wahrnehmungs- und Aufmerksamkeitserkenntnisse notwendig, um Arbeitsplätze und -systeme zu optimieren. Die Biologische Psychologie liefert Grundlage für die Prävention von Stress am Arbeitsplatz. Aus dem Anwendungsbereich hilft das Fach Klinische Psychologie z.B. durch Kenntnisse im Suchtbereich, Suchterkrankungen am Arbeitsplatz vorzubeugen (Olos, 2019, S. 88).

3.3   Trainer/Coach

Trainer und Coaches können freiberuflich oder in fester Anstellung arbeiten. Da es keine berufs- oder standesrechtlichen Regulierungen für diese Berufe gibt, gibt es eine Vielzahl von Personen mit unterschiedlichen Qualifikationen. Zu ihren Tätigkeiten gehören neben der inhaltlichen Arbeit vor allem die Kundenakquise und das Marketing (Mühlfelder, 2017, S. 84).

Die Tätigkeit als Trainer oder Coach bringen einige grundsätzliche Unterschiede mit sich und sind daher als zwei unterschiedliche Berufe zu verstehen.

Trainer haben laut dem Deutschen Verband für Coaching und Training die Aufgabe neue Kompetenzen zu verleihen, indem auf vorhandenen Stärken und Bedürfnissen des Klienten aufgebaut wird. Im Fachtraining wird vor allem Fachwissen vermittelt. Ziel ist es, dass Klienten das Gelernte umsetzen und nachhaltig in ihren Arbeitsalltag und ihren privaten Alltag integrieren (dvct, o.D.). Das Training kann verhaltensbezogen stattfinden, z.B. im Rahmen eines Führungstrainings oder fachliche Schwerpunkte haben, z.B. bei betriebs-wirtschaftlichem Wissen oder Computerkenntnissen. Die Zielsetzung steht vor dem Training im Rahmen einer Beschreibung des Trainingsrahmens fest. Die Inhalte werden eigenständig oder auf einem vorhandenen Leitfaden basierend in einem festen Zeitrahmen mit mehreren Teilnehmern aufbereitet und vermittelt (Mendius & Werther, 2019, S. 114).

Coaches arbeiten mit ihren Klienten in einer individuell gestalteten Sitzung an situativen Erfordernissen, aktuellen Herausforderungen und ihrer persönlichen Weiterentwicklung. Dabei werden nicht die fachlichen Kompetenzen fokussiert, sondern das Verhalten des Klienten. Auch hier handelt es sich um eine gezielte Verhaltensänderung. Laut dem dvct beschäftigt sich das Coaching mit der Entwicklung der individuellen Lösungskompetenzen des Klienten. Es ist ein Leitfaden und eine Hilfe zur nachhaltigen Selbsthilfe. Der Klient lernt, Probleme und Konflikte selbst zu lösen und zu bewältigen. Er bestimmen das Ziel des Coachings, welches sich im Prozess auch verändern kann und legen gemeinsam mit dem Coach die Kriterien für die Zielerreichung fest. Während des Prozesses gewinnt der Klient neue Erkenntnisse, setzt diese in Handlungsalternativen um und lernt, die Wirkungen ihres Handelns in ihrem Umfeld einzuschätzen (dvct, o.D.). Anders als bei der Psychotherapie ist das Coaching eine psychische Beratungsform für Klienten ohne klinische Symptome. Coaching ist im Vergleich zum Training weniger zielorientiert, ermöglicht aber eine individuellere Begleitung (Mühlfelder, 2017, S. 85). Coaches können bspw. dabei helfen, neue Führungsrollen auszugestalten oder Konfliktmuster und Ängste in beruflichen und privaten Kontexten zu überwinden.

Trotz grundsätzlicher Unterschiede haben beide Berufe auch einige Gemeinsamkeiten. Ihr Ziel ist es, Menschen in ihrer persönlichen Entwicklung zu unterstützen. Fachverbände wie der Deutsche Verband für Coaching und Training vertreten daher sowohl Trainer als auch Coaches. Beide Berufe sind abwechslungsreich und sozial herausfordernd, da sich bei jedem Training oder Coaching neu auf die Teilnehmer und Klienten eingestellt werden muss und jede

Trainingsgruppe und jeder Klient individuelle Ansprüche und Lernerfahrungen hat. Im Berufsalltag werden immer wieder neue Persönlichkeiten, Berufsgruppen und Anforderungen begegnet. Ständig muss das Fachwissen aktualisiert und die Konzeption neuen Trainings erfolgen (Mendius & Werther, 2019, S. 115). Die Kundenakquise und das Marketing stellen in beiden Berufen eine Herausforderung dar, da es in einem wenig regulierten Markt von hoher Bedeutung ist, ein Netzwerk aufzubauen, um Aufträge zu gewinnen. Fachliche Anforderungen in beiden Tätigkeiten sind didaktische Fähigkeiten und die Bereitschaft, sich in neue Themenfelder einzuarbeiten (Mühlfelder, 2017, S. 84).

Schwerpunkte für diese Berufsfelder liegen im Studium bei den Grundlagen-fächern auf der Sozialpsychologie und der Persönlichkeitspsychologie. In Anwendungsfächern lassen sich Inhalte aus der pädagogischen Psychologie und auch aus der klinischen Psychologie wiederfinden. Auch in der klinischen Psychologie geht es um das Verändern von Verhalten. Das Coaching hat bspw. einige strukturelle Parallelen zwischen bestimmten Therapieformen, wie die Verhaltenstherapie (Mendius & Werther, 2019, S. 119).

4   Literaturverzeichnis

Berking, M. & Rief, W. (2012). Klinische Psychologie und Psychotherapie für Bachelor. Band 1: Grundlagen und Störungswissen. Springer, Heidelberg.

Bortz, Jürgen (1984): Lehrbuch der empirischen Forschung für Sozialwissenschaftler. Springer, Berlin.

Bortz J., Döring N. (2006) Qualitative Methoden. In: Forschungsmethoden und Evaluation. Springer-Lehrbuch. Springer, Berlin, Heidelberg. https://doi.org/10.1007/978-3-540-33306-7_5

Czienskowski, U. (1996). Wissenschaftliche Experimente: Planung, Auswertung, Interpretation. Beltz, Weinheim.

Echterhoff G., Hussy, W. & Schreier, M., (2010). Forschungsmethoden in Psychologie und Sozialwissenschaften- für Bachelor. Springer, Berlin.

Frodl A. (2018) Gesundheitsberufe A – Z. In: Gesundheitsberufe im Einsatz. Springer Gabler, Wiesbaden. https://doi.org/10.1007/978-3-658-18072-0_7

Jörin Fux, S., & Stoll, F. (2006). EXPLOJOB – Das Werkzeug zur Beschreibung von Berufsanforderungen und -tätigkeiten. Huber, Bern.

Isaac, S., & Michael, W. B. (1995). Handbook in research and evaluation: A collection of principles, methods, and strategies useful in the planning, design, and evaluation of studies in education and the behavioral sciences (3. Auflage). EdITS Publishers.

Kals, E. (2009). Arbeits- und Organisationspsychologie kompakt. Beltz, Weinheim.

Kuckartz, U. (2014). Mixed Methods. Methodologie, Forschungsdesigns und Analyseverfahren. Springer, Wiesbaden. https://doi.org/10.1007/978-3-531-93267-5

Kühl, S. (2009) Handbuch Methoden der Organisationsforschung. Quantitative und Qualitative Methoden. VS Verlag für Sozialwissenschaften, Wiesbaden. S. 534- 557.

Mayer, H. (2008). Interview und schriftliche Befragung: Entwicklung, Durchführung und Auswertung (4. Auflage). Oldenburg, München, Wien.

Mayring, P. (2015). Qualitative Inhaltsanalyse. Grundlagen und Techniken (Beltz Pädagogik, 12., überarb. Aufl.). Beltz, Weinheim.

Mendius M., Olos L., Stephan B., Stephany U., Werther S. (2019) Berufsfelder für Wirtschaftspsychologen. In: Mendius M., Werther S. (eds) Faszination Psychologie –

Berufsfelder und Karrierewege. Springer, Berlin, Heidelberg. https://doi.org/10.1007/978-3-662-56832-3_4

Mendius, M. & Werther, S. (Hrsg.). (2014). Faszination Psychologie-Berufsfelder und Karrierewege (4. Aufl.). Springer, Heidelberg.

Mühlfelder, M. (2017). Einführung in die Psychologie. SRH Fernhochschule – the mobile university, Riedlingen.

Mummendey, H. D. (1981). Zeitschrift die Differentielle und Diagnostische Psychologie. Heft 3. S. 199- 218.

Mummendey, H. D., & Grau, I. (2014). Die Fragebogen-Methode: Grundlagen und Anwendung in Persönlichkeits-, Einstellungs-und Selbstkonzeptforschung. Hogrefe, Göttingen.

Open Science Collaboration. (2015). Estimating the reproducibility of Psychological Science. Science, 349 (6251). https://doi.org/10.1126/science.aac4716

Osnabrügge, G., Frei, D. (1989). Experiment. Wörterbuch der Soziologie. Stuttgart. S. 180–187.

Reinhardt, R. (2016). Grundlagen der empirischen Sozialforschung (3. Auflage). SRH Fernhochschule – the mobile university, Riedlingen.

Stevenson, A., Nohl, A. & van den Brink, K. (2009). Studienbegleiter Psychologie. Der kompakte Werkzeugkoffer zum Einstieg (2. Auflage). Spektrum Akad. Verlag, Heidelberg.

5 Internetquellen

Deutscher Verband für Coaching und Training. (o.D.). https://www.dvct.de/coaching-training/coaching/, abgerufen am 02.10.2020

Deutscher Verband für Coaching und Training. (o.D.) https://www.dvct.de/coaching-training/training/, abgerufen am 02.10.2020